50 Recetas Gourmet de Cocina Vegetariana

Por: Kelly Johnson

Table of Contents

- Lasaña de berenjena con ricotta y espinacas
- Risotto de champiñones y trufa
- Tarta de tomates cherry y queso de cabra
- Ensalada templada de lentejas y verduras asadas
- Sopa de calabaza con leche de coco y jengibre
- Ravioles de espinaca con salsa de nuez
- Canelones rellenos de ricotta y acelga
- Curry de garbanzos y espinaca
- Quiche de puerros y queso brie
- Gnocchis de batata con salsa de salvia
- Hamburguesas de lentejas con tzatziki
- Espárragos gratinados con parmesano
- Croquetas de setas con alioli de ajo negro
- Wok de tofu con verduras y sésamo
- Ensalada de peras, nueces y roquefort
- Tacos de coliflor al chipotle
- Berenjenas a la parmesana

- Empanadas de humita y albahaca
- Falafel con tabulé y pan de pita
- Cuscús con verduras al horno
- Pizza blanca con higos y rúcula
- Albóndigas de berenjena con salsa de tomate
- Pimientos rellenos de arroz y pasas
- Paella de verduras
- Tortilla española de patata y cebolla
- Tarta tatin de cebolla caramelizada
- Hummus de remolacha con crudités
- Brochetas de tofu marinado
- Curry tailandés de verduras con leche de coco
- Pastel de papas con soja texturizada
- Tamales de elote con queso
- Milanesas de berenjena con papas rústicas
- Ensalada caprese con pesto casero
- Sopa fría de pepino y aguacate
- Ravioles de calabaza con manteca de salvia
- Panqueques de espinaca con ricotta

- Fideos udon con verduras salteadas
- Timbal de arroz integral con vegetales
- Pastel de zanahoria salado
- Papas rellenas de brócoli y queso
- Arepas de queso con guacamole
- Curry de lentejas rojas y coco
- Causa limeña vegetariana
- Crepes de champiñones al vino blanco
- Calabacines rellenos de quinoa y frutos secos
- Polenta grillada con tomates secos y rúcula
- Ensalada de quinoa con mango y aguacate
- Mini tartas de espárragos y queso feta
- Arroz frito con tofu crujiente
- Tofu agridulce con piña y pimientos

Lasaña de berenjena con ricotta y espinacas

Ingredientes:

- 2 berenjenas grandes
- 400 g de ricotta
- 200 g de espinacas frescas
- 1 diente de ajo picado
- 400 ml de salsa de tomate natural
- 100 g de queso rallado (mozzarella o parmesano)
- Aceite de oliva
- Sal y pimienta al gusto
- Albahaca fresca (opcional)

Preparación:

1. Corta las berenjenas en láminas finas a lo largo. Asa en una sartén con un poco de aceite hasta que estén doradas por ambos lados.

2. En una sartén aparte, saltea el ajo con un poco de aceite. Añade las espinacas y cocina hasta que se reduzcan. Mezcla con la ricotta, salpimenta y reserva.

3. En una fuente para horno, coloca una capa de salsa de tomate, luego una capa de berenjena, otra de la mezcla de ricotta y espinacas. Repite hasta terminar los ingredientes.

4. Cubre con queso rallado.

5. Hornea a 180 °C durante 25–30 minutos hasta que esté dorada y burbujeante.

6. Sirve con albahaca fresca si deseas.

Risotto de champiñones y trufa

Ingredientes:

- 300 g de arroz arborio
- 250 g de champiñones variados (portobello, cremini, etc.)
- 1 cebolla pequeña picada
- 1 diente de ajo picado
- 1 L de caldo de verduras caliente
- 100 ml de vino blanco seco
- 2 cucharadas de mantequilla
- 50 g de queso parmesano rallado
- Aceite de trufa (al gusto)
- Sal y pimienta al gusto
- Aceite de oliva

Preparación:

1. Sofríe la cebolla y el ajo con aceite de oliva en una cazuela.
2. Añade los champiñones troceados y saltea hasta que estén dorados.
3. Agrega el arroz y remueve por 1–2 minutos. Vierte el vino y deja evaporar.
4. Incorpora el caldo poco a poco, removiendo constantemente. Añade más caldo a medida que el arroz lo absorba.
5. Cocina unos 18–20 minutos hasta que el arroz esté cremoso y al dente.

6. Añade mantequilla y parmesano. Mezcla bien y retira del fuego.

7. Rocía con un chorrito de aceite de trufa justo antes de servir.

Tarta de tomates cherry y queso de cabra

Ingredientes:

- 1 lámina de masa quebrada o brisa
- 200 g de tomates cherry
- 150 g de queso de cabra en rodajas
- 2 huevos
- 100 ml de nata líquida (crema para batir)
- Tomillo fresco o seco
- Sal y pimienta
- Aceite de oliva

Preparación:

1. Precalienta el horno a 180 °C.
2. Forra un molde para tarta con la masa y pincha la base con un tenedor.
3. En un bol, bate los huevos con la nata, sal, pimienta y tomillo.
4. Vierte la mezcla sobre la base de masa. Distribuye los tomates cherry y el queso de cabra por encima.
5. Hornea 30–35 minutos, hasta que cuaje y esté dorada.
6. Sirve templada o a temperatura ambiente.

Ensalada templada de lentejas y verduras asadas

Ingredientes:

- 200 g de lentejas cocidas (pueden ser en conserva, bien escurridas)
- 1 calabacín
- 1 pimiento rojo
- 1 berenjena
- 1 zanahoria
- 1 cebolla morada
- Aceite de oliva
- Vinagre balsámico
- Sal, pimienta y comino
- Hojas verdes (rúcula, espinaca baby, etc.)

Preparación:

1. Precalienta el horno a 200 °C.
2. Corta las verduras en dados medianos, colócalas en una bandeja de horno, rocía con aceite, sal, pimienta y un toque de comino. Asa durante 25–30 minutos.
3. Mezcla las lentejas cocidas con las verduras asadas y aliña con aceite de oliva y vinagre balsámico.
4. Sirve sobre una cama de hojas verdes. Puedes añadir queso feta desmenuzado o semillas tostadas si gustas.

Sopa de calabaza con leche de coco y jengibre

Ingredientes:

- 600 g de calabaza pelada y cortada en cubos
- 1 cebolla picada
- 1 diente de ajo picado
- 1 trozo de jengibre fresco (unos 3 cm), rallado
- 400 ml de leche de coco
- 750 ml de caldo de verduras
- Aceite de oliva
- Sal y pimienta al gusto

Preparación:

1. En una olla, sofríe la cebolla, el ajo y el jengibre con un poco de aceite hasta que estén tiernos.
2. Añade la calabaza y el caldo de verduras. Cocina hasta que la calabaza esté muy suave (unos 20 minutos).
3. Tritura la mezcla con una batidora hasta obtener una crema homogénea.
4. Incorpora la leche de coco, mezcla bien y ajusta sal y pimienta.
5. Calienta un poco más si es necesario y sirve caliente.

Ravioles de espinaca con salsa de nuez

Ingredientes:

- Para los ravioles:
    - 300 g de harina
    - 3 huevos
    - 300 g de espinacas frescas
    - 200 g de ricotta o requesón
    - Sal y nuez moscada
- Para la salsa:
    - 100 g de nueces peladas
    - 50 ml de nata líquida
    - 1 diente de ajo pequeño
    - Aceite de oliva
    - Sal y pimienta

Preparación:

1. Cocina las espinacas, escúrrelas bien y pícalas finamente. Mézclalas con la ricotta, sal y nuez moscada.
2. Haz una masa con la harina y los huevos, estírala en láminas finas.
3. Coloca porciones del relleno sobre una lámina, cubre con otra lámina y presiona para sellar formando los ravioles.

4. Cuece los ravioles en agua con sal hasta que floten (unos 3–4 minutos).

5. Para la salsa, tritura las nueces con ajo, nata, aceite, sal y pimienta hasta obtener una crema.

6. Sirve los ravioles con la salsa por encima.

Canelones rellenos de ricotta y acelga

Ingredientes:

- 12 placas de pasta para canelones (precocidas o normales)
- 400 g de ricotta
- 300 g de acelga cocida y picada
- 1 cebolla picada
- 2 dientes de ajo picados
- 500 ml de salsa bechamel o salsa de tomate
- Queso rallado para gratinar
- Aceite de oliva, sal y pimienta

Preparación:

1. Saltea la cebolla y el ajo, añade la acelga picada, cocina 5 minutos. Mezcla con la ricotta, salpimienta.
2. Rellena las placas de pasta con la mezcla y enrolla formando los canelones.
3. Coloca los canelones en una fuente, cubre con la salsa bechamel o de tomate.
4. Espolvorea queso rallado y hornea a 180 °C por 25 minutos hasta gratinar.
5. Sirve caliente.

Curry de garbanzos y espinaca

Ingredientes:

- 400 g de garbanzos cocidos
- 200 g de espinacas frescas
- 1 cebolla picada
- 2 dientes de ajo picados
- 1 lata de tomate triturado (400 g)
- 200 ml de leche de coco
- 2 cucharadas de pasta de curry (o curry en polvo)
- Aceite de oliva
- Sal y pimienta

Preparación:

1. Sofríe la cebolla y el ajo en aceite hasta que estén dorados.
2. Añade la pasta de curry y mezcla bien.
3. Incorpora el tomate triturado y cocina 10 minutos.
4. Agrega los garbanzos, la leche de coco y cocina 10 minutos más.
5. Añade las espinacas y cocina hasta que se reduzcan.
6. Ajusta sal y pimienta y sirve con arroz o pan.

Quiche de puerros y queso brie

Ingredientes:

- 1 lámina de masa quebrada
- 3 puerros (solo la parte blanca), en rodajas
- 150 g de queso brie en trozos
- 3 huevos
- 200 ml de nata líquida
- Sal, pimienta y nuez moscada
- Aceite de oliva

Preparación:

1. Saltea los puerros hasta que estén tiernos.
2. Coloca la masa en un molde, pincha la base y precocina a 180 °C por 10 minutos.
3. Bate huevos con nata, sal, pimienta y nuez moscada.
4. Añade los puerros y el queso brie al molde.
5. Vierte la mezcla de huevo y nata encima.
6. Hornea 30–35 minutos hasta que cuaje y esté dorado.
7. Deja reposar unos minutos antes de servir.

Gnocchis de batata con salsa de salvia

Ingredientes:

- 500 g de batata (camote) cocida y triturada
- 150 g de harina (aproximadamente)
- 1 huevo
- Sal
- Para la salsa:
    - 50 g de mantequilla
    - Hojas frescas de salvia
    - Queso parmesano rallado

Preparación:

1. Mezcla la batata con el huevo y la harina hasta obtener una masa suave y no pegajosa.
2. Forma rollos con la masa, corta en porciones y forma los gnocchis.
3. Cocina en agua hirviendo con sal hasta que floten (2-3 minutos).
4. En una sartén, derrite la mantequilla con las hojas de salvia hasta que esté dorada y aromática.
5. Añade los gnocchis escurridos y mezcla bien.
6. Sirve con queso parmesano rallado.

Hamburguesas de lentejas con tzatziki

Ingredientes:

- 400 g de lentejas cocidas y escurridas
- 1 cebolla picada
- 2 dientes de ajo picados
- 1 zanahoria rallada
- 1 huevo
- 80 g de pan rallado
- Comino, sal y pimienta
- Aceite para freír
- Para el tzatziki:
    - 200 g de yogur natural
    - 1/2 pepino rallado y escurrido
    - 1 diente de ajo picado
    - Eneldo o menta picada
    - Zumo de limón
    - Sal

Preparación:

1. Tritura las lentejas ligeramente y mezcla con cebolla, ajo, zanahoria, huevo, pan rallado y especias.

2. Forma hamburguesas y fríelas en aceite hasta que estén doradas por ambos lados.

3. Para el tzatziki, mezcla todos los ingredientes y refrigera.

4. Sirve las hamburguesas con tzatziki y pan o ensalada.

Espárragos gratinados con parmesano

Ingredientes:

- 1 manojo de espárragos verdes
- 50 g de queso parmesano rallado
- 2 cucharadas de pan rallado
- 2 cucharadas de mantequilla derretida
- Sal y pimienta

Preparación:

1. Precalienta el horno a 200 °C.
2. Limpia los espárragos y colócalos en una fuente para horno.
3. Mezcla el parmesano con el pan rallado y la mantequilla, salpimenta.
4. Espolvorea esta mezcla sobre los espárragos.
5. Hornea 15 minutos o hasta que estén dorados y crujientes.
6. Sirve caliente.

Croquetas de setas con alioli de ajo negro

Ingredientes:

- Para las croquetas:
    - 300 g de setas variadas picadas
    - 1 cebolla picada
    - 2 dientes de ajo picados
    - 50 g de mantequilla
    - 3 cucharadas de harina
    - 250 ml de leche
    - Sal, pimienta y nuez moscada
    - Pan rallado para rebozar
    - 2 huevos
    - Aceite para freír
- Para el alioli de ajo negro:
    - 1 yema de huevo
    - 100 ml de aceite de oliva suave
    - 2 dientes de ajo negro
    - Zumo de medio limón
    - Sal

Preparación:

1. En una sartén, sofríe la cebolla y el ajo hasta transparentar. Añade las setas y cocina hasta que se evapore el líquido.

2. Derrite la mantequilla, incorpora la harina y cocina un minuto. Añade la leche poco a poco, sin dejar de remover, hasta formar una bechamel espesa.

3. Mezcla las setas con la bechamel, sazona con sal, pimienta y nuez moscada. Deja enfriar y luego refrigera mínimo 2 horas.

4. Forma croquetas, pásalas por huevo batido y pan rallado. Fríelas en abundante aceite caliente hasta dorar.

5. Para el alioli, tritura ajo negro con yema, añade el zumo y emulsiona con el aceite poco a poco. Salpimenta.

6. Sirve las croquetas con el alioli.

Wok de tofu con verduras y sésamo

Ingredientes:

- 300 g de tofu firme cortado en cubos
- 1 pimiento rojo en tiras
- 1 calabacín en medias lunas
- 1 zanahoria en tiras
- 1 cebolla en juliana
- 2 dientes de ajo picados
- 2 cucharadas de salsa de soja
- 1 cucharada de aceite de sésamo
- Semillas de sésamo tostado
- Aceite de oliva
- Sal y pimienta

Preparación:

1. Saltea el tofu en aceite hasta que esté dorado y reserva.
2. En el wok o sartén grande, calienta aceite y sofríe el ajo, luego añade las verduras y cocina hasta que estén tiernas pero crujientes.
3. Incorpora el tofu y la salsa de soja, mezcla bien.
4. Añade el aceite de sésamo, semillas de sésamo y ajusta sal y pimienta.
5. Sirve caliente acompañado de arroz o noodles.

Ensalada de peras, nueces y roquefort

Ingredientes:

- 2 peras maduras, cortadas en láminas
- 100 g de queso roquefort desmenuzado
- 50 g de nueces troceadas
- Mezcla de hojas verdes (rúcula, espinaca, lechuga)
- Aceite de oliva virgen extra
- Vinagre balsámico
- Sal y pimienta

Preparación:

1. En un bol grande mezcla las hojas verdes con las láminas de pera.
2. Añade el queso y las nueces.
3. Aliña con aceite, vinagre, sal y pimienta al gusto.
4. Sirve inmediatamente para disfrutar de la frescura.

Tacos de coliflor al chipotle

Ingredientes:

- 1 coliflor mediana cortada en floretes
- 2 cucharadas de pasta de chipotle (o salsa chipotle)
- 1 cucharada de aceite de oliva
- Tortillas de maíz
- Cebolla encurtida y cilantro para acompañar
- Sal

Preparación:

1. Mezcla la coliflor con el aceite, la pasta de chipotle y sal.
2. Asa o hornea a 200 °C durante 20–25 minutos hasta que esté tierna y dorada.
3. Calienta las tortillas, rellénalas con la coliflor y acompaña con cebolla encurtida y cilantro.
4. Sirve con limón.

Berenjenas a la parmesana

Ingredientes:

- 2 berenjenas cortadas en rodajas
- 400 ml de salsa de tomate casera
- 150 g de queso mozzarella rallado
- 50 g de queso parmesano rallado
- Harina para rebozar
- 2 huevos batidos
- Aceite para freír
- Albahaca fresca
- Sal y pimienta

Preparación:

1. Salpimienta las berenjenas, pásalas por harina, luego huevo y fríelas hasta dorar. Escúrrelas en papel absorbente.
2. En una fuente, pon una capa de salsa, una de berenjena, mozzarella y albahaca. Repite hasta acabar.
3. Termina con parmesano rallado.
4. Hornea a 180 °C por 25 minutos.
5. Sirve caliente.

Empanadas de humita y albahaca

Ingredientes:

- Masa para empanadas
- 300 g de choclo dulce (maíz) cocido
- 100 ml de leche
- 1 cebolla picada
- 2 cucharadas de harina
- Albahaca fresca picada
- Sal y pimienta
- Aceite de oliva

Preparación:

1. Sofríe la cebolla hasta que esté transparente. Añade la harina y cocina un minuto.
2. Agrega el choclo y la leche, cocina hasta que espese. Incorpora albahaca, sal y pimienta. Deja enfriar.
3. Rellena las masas con la mezcla, cierra y sella los bordes.
4. Hornea a 180 °C por 20 minutos o hasta dorar.

Falafel con tabulé y pan de pita

Ingredientes:

- Para el falafel:
    - 400 g de garbanzos remojados y triturados
    - 1 cebolla picada
    - 2 dientes de ajo
    - 1 manojo de perejil
    - Comino, cilantro en polvo, sal, pimienta
    - Harina si es necesario
    - Aceite para freír
- Para el tabulé:
    - 150 g de bulgur remojado
    - Tomate, pepino, cebolla morada, perejil y menta picados
    - Aceite de oliva, zumo de limón, sal

Preparación:

1. Tritura garbanzos, cebolla, ajo, perejil y especias hasta formar una pasta. Añade harina si queda muy húmeda.
2. Forma bolitas y fríelas hasta dorar.
3. Mezcla todos los ingredientes del tabulé con el bulgur escurrido y aliña.
4. Sirve falafel con tabulé y pan pita.

Cuscús con verduras al horno

Ingredientes:

- 200 g de cuscús
- 1 calabacín, 1 berenjena, 1 pimiento, 1 cebolla cortados en cubos
- 2 cucharadas de aceite de oliva
- 1 cucharadita de comino
- Sal y pimienta
- Caldo de verduras para hidratar el cuscús

Preparación:

1. Mezcla las verduras con aceite, comino, sal y pimienta. Hornea a 200 °C por 25–30 minutos.
2. Prepara el cuscús con caldo caliente siguiendo instrucciones del paquete.
3. Mezcla el cuscús con las verduras asadas y sirve.

Pizza blanca con higos y rúcula

Ingredientes:

- Masa para pizza
- 150 g de queso mozzarella o burrata
- 4–5 higos frescos en láminas
- Rúcula fresca
- Aceite de oliva virgen extra
- Sal y pimienta
- Opcional: reducción de balsámico

Preparación:

1. Estira la masa y precocina a 220 °C durante 7 minutos.
2. Añade el queso y hornea 8–10 minutos más.
3. Saca la pizza, coloca los higos y la rúcula fresca por encima.
4. Rocía con aceite de oliva, sal, pimienta y si quieres un poco de reducción de balsámico.
5. Sirve inmediatamente.

Albóndigas de berenjena con salsa de tomate

Ingredientes:

- 2 berenjenas medianas
- 1 huevo
- 3 cucharadas de pan rallado
- 2 dientes de ajo picados
- 1/2 cebolla picada
- 50 g de queso parmesano rallado (opcional)
- Sal, pimienta y perejil picado
- Aceite para freír
- **Para la salsa de tomate:**
    - 400 ml de salsa de tomate natural
    - 1 diente de ajo
    - 1 cucharada de aceite de oliva
    - Sal y azúcar al gusto

Preparación:

1. Asa o cocina al vapor las berenjenas, luego pélalas y aplástalas hasta obtener un puré.
2. Mezcla con huevo, pan rallado, ajo, cebolla, queso, perejil, sal y pimienta. Forma albóndigas.

3. Fríelas en aceite caliente hasta que estén doradas.

4. Para la salsa, sofríe el ajo en aceite, añade la salsa de tomate, sal y una pizca de azúcar. Cocina 10 minutos.

5. Sirve las albóndigas con la salsa caliente.

Pimientos rellenos de arroz y pasas

Ingredientes:

- 4 pimientos grandes
- 200 g de arroz cocido
- 1 cebolla picada
- 50 g de pasas
- 50 g de piñones (opcional)
- 2 tomates rallados
- Aceite de oliva
- Sal y pimienta
- Perejil picado

Preparación:

1. Corta la parte superior de los pimientos y quita las semillas.
2. En una sartén, sofríe la cebolla, añade el tomate y cocina. Incorpora el arroz, las pasas, piñones, sal, pimienta y perejil. Mezcla bien.
3. Rellena los pimientos con la mezcla.
4. Coloca en una fuente, añade un poco de agua y hornea a 180 °C por 30-35 minutos.

Paella de verduras

Ingredientes:

- 250 g de arroz bomba
- 1 litro de caldo de verduras
- 1 pimiento rojo en tiras
- 1 calabacín en cubos
- 100 g de judías verdes
- 1 tomate rallado
- 1 cebolla picada
- 2 dientes de ajo picados
- Azafrán o colorante alimenticio
- Aceite de oliva
- Sal

Preparación:

1. Sofríe la cebolla y ajo, añade el tomate y cocina.
2. Incorpora las verduras y sofríelas. Añade el arroz y mezcla.
3. Agrega el caldo caliente con el azafrán y sal. Cocina sin remover a fuego medio.
4. Cuando el arroz esté en su punto, retira y deja reposar unos minutos.

Tortilla española de patata y cebolla

Ingredientes:

- 4 patatas medianas peladas y cortadas en rodajas finas
- 1 cebolla grande en juliana
- 6 huevos
- Aceite de oliva
- Sal

Preparación:

1. Fríe las patatas y cebolla en abundante aceite a fuego medio hasta que estén tiernas. Escurre el aceite.
2. Bate los huevos con sal y mezcla con las patatas y cebolla.
3. Cocina la mezcla en una sartén con un poco de aceite, dando forma redonda y dorando por ambos lados.

Tarta tatin de cebolla caramelizada

Ingredientes:

- 4 cebollas grandes cortadas en juliana
- 2 cucharadas de azúcar
- 50 g de mantequilla
- Masa quebrada
- Sal y pimienta

Preparación:

1. En una sartén apta para horno, derrite la mantequilla, añade las cebollas y el azúcar. Cocina hasta caramelizar. Salpimienta.
2. Cubre con la masa, metiendo los bordes hacia dentro.
3. Hornea a 180 °C por 25-30 minutos.
4. Deja reposar y luego da vuelta con cuidado para desmoldar.

Hummus de remolacha con crudités

Ingredientes:

- 1 bote de garbanzos cocidos (400 g)
- 1 remolacha cocida mediana
- 2 cucharadas de tahini
- Zumo de medio limón
- 1 diente de ajo
- Aceite de oliva
- Sal
- Verduras crudas para acompañar (zanahoria, pepino, apio)

Preparación:

1. Tritura garbanzos, remolacha, tahini, ajo y limón. Añade aceite y sal al gusto hasta obtener una crema suave.
2. Sirve con crudités.

Brochetas de tofu marinado

Ingredientes:

- 400 g de tofu firme cortado en cubos
- 3 cucharadas de salsa de soja
- 1 cucharada de miel o sirope
- 1 cucharada de aceite de sésamo
- 1 diente de ajo picado
- Verduras para brochetas (pimiento, cebolla, champiñones)

Preparación:

1. Marina el tofu con soja, miel, ajo y aceite durante al menos 30 minutos.
2. Ensarta tofu y verduras en palitos.
3. Asa a la plancha o al horno hasta dorar.

Curry tailandés de verduras con leche de coco

Ingredientes:

- 1 lata de leche de coco (400 ml)
- 2 cucharadas de pasta de curry rojo o verde
- 1 pimiento rojo
- 1 zanahoria
- 1 calabacín
- 100 g de judías verdes
- 1 cebolla
- Aceite de oliva
- Albahaca fresca
- Sal y azúcar

Preparación:

1. Sofríe la cebolla y añade la pasta de curry. Cocina un par de minutos.
2. Incorpora las verduras cortadas y mezcla bien.
3. Vierte la leche de coco y cocina a fuego medio hasta que las verduras estén tiernas.
4. Añade sal y un poco de azúcar al gusto. Termina con albahaca fresca.

Pastel de papas con soja texturizada

Ingredientes:

- 1 taza de soja texturizada
- 4 papas grandes
- 1 cebolla picada
- 2 dientes de ajo picados
- 200 ml de salsa de tomate
- Aceite de oliva
- Sal, pimienta y orégano

Preparación:

1. Hidrata la soja en agua caliente por 15 minutos, escurre bien.
2. Cocina las papas, haz un puré con mantequilla o aceite, salpimienta.
3. Sofríe cebolla y ajo, añade la soja y la salsa de tomate, cocina 5 minutos con orégano.
4. En una fuente, coloca una capa de puré, luego la soja, y termina con puré.
5. Hornea a 180 °C por 20 minutos.

Tamales de elote con queso

Ingredientes:

- 4 tazas de granos de elote frescos o congelados
- 100 g de queso fresco rallado
- 1 taza de harina de maíz
- 100 ml de leche
- Hojas de maíz para envolver
- Sal y azúcar al gusto

Preparación:

1. Tritura el elote con leche hasta obtener una mezcla espesa.
2. Añade harina, sal, azúcar y mezcla bien.
3. Agrega el queso rallado.
4. Envuelve porciones en hojas de maíz, amarra y cocina al vapor por 45 minutos.

Milanesas de berenjena con papas rústicas

Ingredientes:

- 2 berenjenas en rodajas
- 2 huevos batidos
- Pan rallado
- 4 papas cortadas en gajos
- Aceite para freír
- Sal, pimienta, hierbas secas

Preparación:

1. Salpimienta las berenjenas, pásalas por huevo y pan rallado. Fríelas hasta dorar.
2. Hornea las papas con aceite, sal y hierbas a 200 °C por 30 minutos.
3. Sirve las milanesas con las papas.

Ensalada caprese con pesto casero

Ingredientes:

- Tomates maduros en rodajas
- Queso mozzarella fresco en rodajas
- Hojas de albahaca fresca
- **Para el pesto:**
    - 50 g de albahaca
    - 30 g de piñones o nueces
    - 1 diente de ajo
    - 50 ml de aceite de oliva
    - 30 g de queso parmesano
    - Sal

Preparación:

1. Para el pesto, mezcla todos los ingredientes en procesador hasta formar una salsa.
2. Alterna capas de tomate, mozzarella y albahaca.
3. Añade el pesto por encima y sirve.

Sopa fría de pepino y aguacate

Ingredientes:

- 2 pepinos pelados y picados
- 1 aguacate maduro
- 200 ml de yogur natural o leche vegetal
- 1 diente de ajo
- Jugo de 1 limón
- Sal y pimienta

Preparación:

1. Tritura todos los ingredientes hasta obtener una sopa cremosa.
2. Refrigera al menos 1 hora antes de servir.

Ravioles de calabaza con manteca de salvia

Ingredientes:

- Masa para pasta fresca
- 300 g de calabaza cocida y hecha puré
- 100 g de queso ricotta
- Sal, pimienta y nuez moscada
- **Para la manteca de salvia:**
    - 100 g de mantequilla
    - Hojas de salvia fresca

Preparación:

1. Mezcla puré de calabaza con ricotta y condimenta.
2. Rellena la masa con la mezcla, forma ravioles y cuece en agua hirviendo hasta que suban a la superficie.
3. En una sartén, derrite mantequilla y añade salvia, cocina unos minutos.
4. Sirve los ravioles con la manteca de salvia por encima.

Panqueques de espinaca con ricotta

Ingredientes:

- 2 huevos
- 150 ml de leche
- 100 g de harina
- 150 g de espinaca cocida y picada
- 100 g de ricotta
- Sal y pimienta

Preparación:

1. Mezcla huevo, leche, harina, sal y pimienta para la masa.
2. Añade la espinaca a la masa y cocina panqueques en sartén antiadherente.
3. Rellena con ricotta o úsala como acompañamiento.

Fideos udon con verduras salteadas

Ingredientes:

- 300 g de fideos udon cocidos
- 1 zanahoria en tiras
- 1 pimiento en tiras
- 1 cebolla en juliana
- 2 dientes de ajo picados
- 2 cucharadas de salsa de soja
- Aceite de sésamo
- Semillas de sésamo

Preparación:

1. Saltea ajo y cebolla, añade verduras y cocina hasta tiernas.
2. Incorpora los fideos, salsa de soja y aceite de sésamo. Mezcla bien.
3. Espolvorea semillas de sésamo y sirve.

Timbal de arroz integral con vegetales

Ingredientes:

- 200 g de arroz integral cocido
- 1 calabacín en cubos
- 1 zanahoria rallada
- 1/2 pimiento rojo en tiras
- Aceite de oliva
- Sal y pimienta

Preparación:

1. Saltea las verduras hasta tiernas.
2. En moldes individuales, alterna capas de arroz y verduras.
3. Presiona bien y desmolda para servir.

Pastel de zanahoria salado

Ingredientes:

- 4 zanahorias ralladas
- 2 huevos
- 100 g de queso rallado (puede ser mozzarella o parmesano)
- 150 g de harina
- 1 cucharadita de polvo de hornear
- 1 cebolla picada
- 2 dientes de ajo picados
- Sal, pimienta y hierbas al gusto
- Aceite para sofreír

Preparación:

1. Sofríe la cebolla y ajo hasta dorar.
2. En un bol mezcla las zanahorias ralladas, huevos, harina, polvo de hornear, queso, cebolla, ajo y condimentos.
3. Vierte en un molde engrasado y hornea a 180 °C por 35-40 minutos o hasta que esté firme y dorado.

Papas rellenas de brócoli y queso

Ingredientes:

- 4 papas grandes
- 1 brócoli pequeño cocido y picado
- 150 g de queso rallado (cheddar, mozzarella o similar)
- Sal y pimienta
- Aceite de oliva

Preparación:

1. Cocina las papas al horno o al vapor hasta que estén tiernas.
2. Corta una tapa y saca el interior, formando un hueco.
3. Mezcla el interior con brócoli, queso, sal y pimienta.
4. Rellena las papas y gratina en horno hasta dorar el queso.

Arepas de queso con guacamole

Ingredientes:

- 2 tazas de harina de maíz precocida
- 2 tazas de agua tibia
- 150 g de queso rallado
- Sal
- **Para el guacamole:**
    - 2 aguacates maduros
    - 1 tomate picado
    - 1/2 cebolla picada
    - Jugo de limón
    - Sal y cilantro

Preparación:

1. Mezcla harina, agua y sal hasta formar una masa. Añade el queso y mezcla bien.
2. Forma arepas y cocina en sartén con un poco de aceite hasta dorar por ambos lados.
3. Para el guacamole, mezcla todos los ingredientes y sirve junto con las arepas.

Curry de lentejas rojas y coco

Ingredientes:

- 1 taza de lentejas rojas
- 400 ml de leche de coco
- 1 cebolla picada
- 2 dientes de ajo picados
- 1 cucharada de pasta de curry (rojo o amarillo)
- 1 tomate picado
- Aceite de oliva
- Sal y cilantro fresco

Preparación:

1. Sofríe cebolla, ajo y pasta de curry.
2. Añade tomate y lentejas, mezcla.
3. Vierte la leche de coco y cocina hasta que las lentejas estén tiernas.
4. Salpimienta y decora con cilantro.

Causa limeña vegetariana

Ingredientes:

- 4 papas amarillas cocidas y trituradas
- Jugo de 2 limones
- 1 ají amarillo (opcional, o ají dulce)
- Sal y pimienta
- 1 taza de palta (aguacate) en rodajas
- 1 tomate en rodajas

Preparación:

1. Mezcla las papas con jugo de limón, ají, sal y pimienta hasta formar una masa suave.
2. En un molde, coloca una capa de papa, luego aguacate y tomate.
3. Cubre con otra capa de papa.
4. Refrigera y sirve fría.

Crepes de champiñones al vino blanco

Ingredientes:

- Para los crepes:
    - 2 huevos
    - 100 g de harina
    - 200 ml de leche
    - Sal
- Para el relleno:
    - 300 g de champiñones en láminas
    - 1 cebolla picada
    - 1/2 taza de vino blanco
    - Aceite de oliva
    - Sal y pimienta

Preparación:

1. Mezcla ingredientes para los crepes y cocina en sartén fina y rápidamente.
2. Sofríe cebolla y champiñones, añade vino y cocina hasta evaporar el alcohol. Salpimienta.
3. Rellena los crepes con la mezcla y sirve.

Calabacines rellenos de quinoa y frutos secos

Ingredientes:

- 4 calabacines medianos
- 1 taza de quinoa cocida
- 1/4 taza de nueces o almendras picadas
- 1 cebolla picada
- 1 tomate picado
- Aceite de oliva
- Sal, pimienta y especias (comino, pimentón)

Preparación:

1. Corta los calabacines por la mitad y saca el interior.
2. Sofríe cebolla, tomate, frutos secos y el interior del calabacín. Mezcla con quinoa y condimenta.
3. Rellena los calabacines y hornea a 180 °C por 25 minutos.

Polenta grillada con tomates secos y rúcula

Ingredientes:

- 1 taza de polenta
- 4 tazas de agua
- Sal
- Tomates secos hidratados y picados
- Rúcula fresca
- Aceite de oliva

Preparación:

1. Hierve el agua con sal, añade la polenta en forma de lluvia y cocina, revolviendo, hasta espesar (unos 5-7 minutos).
2. Vierte la polenta en un molde, deja enfriar y solidificar.
3. Corta la polenta en rodajas y ásalas o dóralas en sartén con un poco de aceite.
4. Sirve con tomates secos y rúcula fresca por encima, añade un chorrito de aceite de oliva.

Ensalada de quinoa con mango y aguacate

Ingredientes:

- 1 taza de quinoa cocida
- 1 mango maduro cortado en cubos
- 1 aguacate cortado en cubos
- 1/2 cebolla morada picada fina
- Jugo de 1 limón
- Cilantro fresco picado
- Sal y pimienta
- Aceite de oliva

Preparación:

1. En un bol, mezcla la quinoa, mango, aguacate y cebolla.
2. Añade jugo de limón, aceite, sal, pimienta y cilantro.
3. Revuelve suavemente y sirve fresca.

Mini tartas de espárragos y queso feta

Ingredientes:

- Masa de hojaldre o masa quebrada
- 1 manojo de espárragos frescos
- 150 g de queso feta desmenuzado
- 2 huevos
- 150 ml de crema de leche
- Sal y pimienta

Preparación:

1. Precalienta el horno a 180 °C.
2. Corta los espárragos y blanquéalos por 3 minutos.
3. Corta la masa en moldes pequeños, pon espárragos y queso feta dentro.
4. Bate huevos con crema, sal y pimienta y vierte en las tartas.
5. Hornea 25-30 minutos hasta que estén doradas y firmes.

Arroz frito con tofu crujiente

Ingredientes:

- 2 tazas de arroz cocido y frío
- 200 g de tofu firme cortado en cubos
- 1 zanahoria rallada
- 1 pimiento picado
- 2 dientes de ajo picados
- Salsa de soja
- Aceite para freír
- Cebolla verde para decorar

Preparación:

1. Fríe el tofu en aceite hasta dorar y reservar.
2. En la misma sartén, sofríe ajo, zanahoria y pimiento.
3. Añade el arroz y mezcla bien.
4. Agrega salsa de soja al gusto y el tofu.
5. Cocina un par de minutos más y sirve con cebolla verde picada.

Tofu agridulce con piña y pimientos

Ingredientes:

- 250 g de tofu firme en cubos
- 1 taza de piña en trozos
- 1 pimiento rojo cortado en tiras
- 2 dientes de ajo picados
- 3 cucharadas de salsa de soja
- 2 cucharadas de vinagre de arroz
- 2 cucharadas de azúcar moreno
- Aceite para freír

Preparación:

1. Fríe el tofu hasta dorar y reserva.
2. Saltea ajo, pimiento y piña hasta tiernos.
3. Mezcla salsa de soja, vinagre y azúcar, añade a la sartén.
4. Incorpora el tofu, cocina hasta que la salsa espese un poco.
5. Sirve caliente con arroz blanco o integral.